NOVENA A
SÃO GABRIEL
DE NOSSA SENHORA
DAS DORES

O SANTO QUE ENCANTA OS JOVENS

Pe. Giovanni Cipriani,
passionista

NOVENA A SÃO GABRIEL DE NOSSA SENHORA DAS DORES

O SANTO QUE ENCANTA OS JOVENS

Com aprovação do superior provincial
Pe. Henrique Evangelista de Oliveira

Direção-geral: *Ágda França*
Editora responsável: *Marina Mendonça*
Copidesque: *Ana Cecilia Mari*
Revisão: *Sandra Sinzato*
Gerente de produção: *Felicio Calegaro Neto*
Diagramação: *Elaine Alves*

1ª edição – 2023

Nenhuma parte desta obra poderá ser reproduzida ou transmitida por qualquer forma e/ou quaisquer meios (eletrônico ou mecânico, incluindo fotocópia e gravação) ou arquivada em qualquer sistema ou banco de dados sem permissão escrita da Editora. Direitos reservados.

Cadastre-se e receba nossas informações
www.paulinas.com.br
Telemarketing e SAC: 0800-7010081

Paulinas
Rua Dona Inácia Uchoa, 62
04110-020 – São Paulo – SP (Brasil)
📞 (11) 2125-3500
✉ editora@paulinas.com.br
© Pia Sociedade Filhas de São Paulo – São Paulo, 2023

Agradecimento

*Aos religiosos formandos do
Teologado da Província EXALT,
Milionários, Belo Horizonte.*

Apresentação

Esta novena foi preparada como um convite à oração e reflexão sobre a vocação à santidade a partir da experiência espiritual e mística de São Gabriel de Nossa Senhora das Dores, jovem religioso passionista, falecido aos 24 anos de vida.

Rezar uma novena a um santo é, de fato, uma graça que Deus nos concede para refletirmos sobre a nossa vocação à santidade. O "Senhor escolheu cada um de nós para ser santo e irrepreensível na sua presença, no amor" (cf. Ef 1,4); ele "quer-nos santos e espera que não nos resignemos com uma vida medíocre, superficial e indecisa. Com efeito, o chamada à santidade está patente, de várias maneiras, desde as primeiras páginas da Bíblia; a Abraão, o Senhor propôs nestes termos: 'anda na minha presença e sê perfeito' (Gn 17,1)" (Papa Francisco, *Gaudete et Exsultate*, 1).

Olhando para São Gabriel, podemos compreender melhor o significado da vocação universal à santidade, vivida no ordinário de nossa vida. Jovem exuberante e fascinante, inteligente e brilhante; gostava de se divertir, mas sem vulgaridades ou danos morais. Vestia-se à moda do seu tempo e gostava de dançar; tinha tudo, mas nada o satisfazia. Instável como todos os jovens, mas firme na devoção a Nossa Senhora das Dores. A espiritualidade é a força de sua juventude: na oração encontrou forças para não ficar perdido diante das seduções da idade juvenil. Como religioso passionista, tornou "extraordinário" o ordinário. A alegria de sua vida austera e penitente pode ser considerada uma experiência de ressurreição, mesmo diante da morte.

Ao rezarmos esta novena, somos levados a nos perguntar: "Se Gabriel conseguiu alcançar a santidade, não seríamos, então, capazes de imitá-lo?". Ele é um jovem irrepetível, mas que, com certeza, pode ser tomado como exemplo para um caminho de santidade.

Para quem celebra o tríduo, proponho escolher os dias da novena que mais correspondem às exigências espirituais da pessoa ou à caminhada de fé da comunidade.

Pe. Giovanni Cipriani
giovcipr@gmail.com

1º DIA

Meu desejo é ser santo

A santidade é o rosto mais bonito da Igreja

Texto bíblico

"Bendito seja o Deus e Pai de nosso Senhor Jesus Cristo, que nos abençoou com toda bênção espiritual nos céus, em Cristo. Nele, Deus nos escolheu, antes da fundação do mundo, para sermos santos e íntegros diante dele, no amor" (Ef 1,3-4).

Escritos de São Gabriel

"Caro Pippo [diminutivo de José], tu estás certo em dizer que o mundo está cheio de obstáculos e perigos e que é muito difícil salvar a própria alma, mas você não deve desanimar... Fuja, pelo amor de Deus, fuja do que eu te digo: fuja dos maus companheiros, não somente dos atrevidos, mas sobretudo daqueles que, com palavras bonitas, com amizades falsas, podem estragar seu coração... Fuja das conversas vulgares e inúteis... Fuja dos livros ruins, já que é indescritível quanto mal podem fazer no coração de um jovem" (Carta ao amigo Felipe Giovannetti, 13/05/1859).

Vida de São Gabriel

São Gabriel não nasceu santo nem se tornou santo por milagre, mas sim porque ele quis, ao abrir totalmente seu jovem coração a Deus e a Nossa Senhora.

Ele tomou para si o convite de Jesus: "Sede perfeitos como vosso Pai Celeste é perfeito" (Mt 5,48). E, para alcançar mais facilmente a santidade, aos 18 anos, entrou na Congregação Passionista, "mãe de santos e mestra de santidade". E abraçou a "loucura da cruz" (1Cor 1,18-19), dando a Deus os poucos anos de sua juventude.

Em sua vida não ocorreram coisas extraordinárias ou fatos sensacionais; ao contrário, teve uma vida simples, marcada pelo heroísmo cotidiano e pela devoção a Nossa Senhora das Dores.

Ele se comprometeu a realizar tudo com primazia como se, ao terminar uma tarefa, tivesse que se apresentar diante de Deus. Seus coirmãos, brincando, perguntavam: "Gabriel, se dissessem a você que vai morrer agora, o que faria?", ao que ele respondia: "Continuaria a fazer o que estou fazendo". E insistiam: "E se o chamado chegasse quando estivesse no refeitório ou dormindo?", ele respondia: "Eu continuaria a comer e a dormir". E acrescentava: "Nossa santidade não consiste em fazer coisas grandes e extraordinárias, mas em fazer bem as coisas ordinárias".

Assim viveu Gabriel, o "jovem da alegria", o "jovem do sorriso", como era apelidado, porque para ele: "a única tristeza que existe é a de não ser santo!" (L. Bloy).

Para reflexão pessoal

"Como reiterei recentemente na Exortação Apostólica *Gaudete et exsultate*, 'a santidade é o rosto mais bonito da Igreja' (n. 9) e transforma-a numa comunidade 'simpática' (n. 93). Se Santo Ambrósio dizia que estava convicto de que 'todas as idades são maduras para a santidade', sem dúvida também o é a idade juvenil. Portanto, não tenhais medo de ser santos, olhando para Maria, São Gabriel e todos os santos que vos precederam e vos indicam o caminho!" (Papa Francisco, 18/05/2018).

Um santo não nasce pronto. A santidade se constrói no dia a dia, na perseverante busca do seguimento a Jesus, assumindo o compromisso do Batismo: de ser discípulo missionário de Jesus.

Olhando para São Gabriel, podemos compreender melhor o significado da vocação universal à santidade de que o Papa Francisco nos lembra na *Gaudete et exsultate*: santidade tem sua raiz no Batismo e se desenvolve nos sacramentos e na prática das virtudes. "Todos somos chamados a ser santos, vivendo com amor e oferecendo o próprio testemunho nas ocupações de cada dia, onde cada um se encontra... Sê santo, lutando pelo bem comum e renunciando aos teus interesses pessoais" (n. 14).

Oração

Ó querido São Gabriel, que, amando com ternura Nossa Senhora das Dores, alcançaste em pouco tempo o cume mais sublime da santidade, infunde no meu coração o "desejo de ser santo" e obtém-me a graça de ser verdadeiro devoto de Maria Santíssima.

Ó Espírito Santo, infunde em mim o desejo intenso de ser santo para a maior glória de Deus, e, fortalecido pelo exemplo de São Gabriel, ajuda-me a buscar em Deus aquela alegria que o mundo nunca me poderá dar. Por Cristo, nosso Senhor. Amém.

Oração para todos os dias

Amável jovem São Gabriel, chamado pelo povo de "o santo da alegria e dos milagres", pelo teu ardente amor a Jesus crucificado e pela tua terna devoção a Nossa Senhora das Dores, tu te tornaste na terra um exemplo de todas as virtudes. A ti recorro cheio de confiança: ajuda-me a viver os compromissos do meu Batismo na alegria e na generosidade. Afasta os jovens dos "deuses enganosos" e das "amizades mentirosas". Guia minha família no caminho da justiça, da solidariedade e da paz e protege os teus devotos de todo mal.

Enfim, peço-te que intercedas a Deus por esta graça especial (*fazer o pedido*), e que, ao recebê-la, eu possa dar glória a Deus, caminhar na santidade e enfrentar com alegria, fé e serenidade os acontecimentos da vida presente, para ser feliz contigo, um dia, na pátria celeste. Amém.

Canto

(à escolha)

2º DIA

Querer o que Deus quer

Abandonado à vontade de Deus

Texto bíblico

"Chegando ao lugar, Jesus lhes disse: 'Orai para não cairdes em tentação'. Então afastou-se dali, à distância de um arremesso de pedra, e, de joelhos, começou a orar: 'Pai, se quiseres, afasta de mim este cálice; contudo, não seja feita a minha vontade, mas a tua!'" (Lc 22,40-42).

Escritos de São Gabriel

"No sábado anterior à festa de Nossa Senhora das Dores, estava marcada a ordenação ao subdiaconato e, antes do Natal, ao diaconato, mas as circunstâncias, talvez, não permitirão que sejam realizadas. Seja feita a vontade de Jesus" (Carta ao pai, 09/09/1861).

"Hoje, talvez, eu seria sacerdote, mas a falta de bispos ordenantes (devido aos eventos políticos) impediu que isso acontecesse. Deus assim quer; eu também o quero" (Carta ao pai, 19/12/1861).

Vida de São Gabriel

Desde a infância, Gabriel foi educado a aceitar a vontade de Deus, que se manifesta também nos acontecimentos da vida. Diante dos lutos familiares – morte da mãe, dos dois irmãos e das duas irmãs –, seu pai lhe ensinou: "devemos aceitar a adorável vontade de Deus".

Quando adolescente, ele se perguntava: "O que vou fazer quando crescer?", e seus professores e confessores explicavam-lhe que toda escolha deve ser feita em obediência à vontade de Deus. Ao se tornar religioso passionista, ele passou a ver a vontade de Deus na Regra, nos superiores e nos acontecimentos da vida. Aderiu a ela com fidelidade e alegria. Acolheu o estudo, a oração, a comunidade, a doença e a morte como sua própria realização, porque tudo é vontade de Deus.

Para reflexão pessoal

Nós nos sentimos realizados à medida que descobrimos e ocupamos o lugar que Deus nos preparou "desde o seio materno" (Sl 139,13). Mas essa descoberta não é fácil, porque ela exige um caminho de discernimento a partir da fé, das situações que vivemos, da escuta da consciência, da oração e do acompanhamento espiritual.

São Gabriel percorreu esse caminho com todas as ansiedades que ele acarreta. Seu único objetivo era fazer a vontade de Deus. "Deus não gosta da minha vontade, não gosta", ele repetia.

Às vezes, temos um pouco de medo do que possa ser essa vontade de Deus, porque achamos que ela não irá permitir que sejamos felizes; mas Deus quer a nossa felicidade muito mais do que nós mesmos. O problema é que muitas vezes os caminhos não coincidem.

Oração

Na alegria e na tristeza.
R.: Senhor, seja feita a tua vontade.
Na saúde e na doença.
R.: Senhor, seja feita a tua vontade.

Nos sucessos e nas derrotas.
R.: Senhor, seja feita a tua vontade.
Nas preocupações cotidianas.
R.: Senhor, seja feita a tua vontade.
Nas incertezas diante das escolhas da vida.
R.: Senhor, seja feita a tua vontade.
Nos eventos da humanidade.
R.: Senhor, seja feita a tua vontade.
Diante das situações que não conseguimos entender.
R.: Senhor, seja feita a tua vontade.
Em todas as situações da vida e na hora da morte.
R.: Senhor, seja feita a tua vontade.

Oração para todos os dias

Amável jovem São Gabriel, chamado pelo povo de "o santo da alegria e dos milagres", pelo teu ardente amor a Jesus crucificado e pela tua terna devoção a Nossa Senhora das Dores, tu te tornaste na terra um exemplo de todas as virtudes. A ti recorro cheio de confiança: ajuda-me a viver os compromissos do meu Batismo na alegria e na generosidade. Afasta os jovens dos "deuses enganosos" e das "amizades mentirosas". Guia minha família no caminho da justiça, da solidariedade e da paz e protege os teus devotos de todo mal.

Enfim, peço-te que intercedas a Deus por esta graça especial (*fazer o pedido*), e que, ao recebê-la, eu possa dar glória a Deus, caminhar na santidade e enfrentar com alegria, fé e serenidade os acontecimentos da vida presente, para ser feliz contigo, um dia, na pátria celeste. Amém.

Canto

(à escolha)

3º DIA

Teus braços abertos me convidam

A contemplação de Jesus crucificado

Texto bíblico

[Jesus], "carregando ele próprio sua cruz, saiu para o lugar chamado Calvário, em hebraico: Gólgota. Lá, eles o crucificaram com outros dois, um de cada lado, e Jesus no meio. [...] Depois que tomou o vinagre, ele disse: 'Está consumado'. E, inclinando a cabeça, entregou o espírito" (Jo 19,17-30).

Escritos de São Gabriel

"Eu também estive entre os autores de tua morte, ó Jesus! Com o pecado te condenei à morte, mas não quero desesperançar-me do perdão.

Que isso nunca aconteça! Tuas feridas me chamam, teus braços abertos me convidam, teu coração ferido abre o refúgio para mim. Eis-me, então, diante de ti, ó Jesus crucificado. Peço-te misericórdia, peço-te perdão" (meditação de São Gabriel sobre a Paixão, 1859).

Vida de São Gabriel

São Gabriel amava contemplar o Crucificado nos braços de Nossa Senhora da Piedade. A conexão entre Nossa Senhora das Dores e o crucifixo é o ponto culminante de sua maturidade espiritual.

O crucifixo é tudo na vida de Gabriel: é a expressão máxima do amor a Deus para com a humanidade. Da cruz, ele aprendeu a solidariedade, o perdão, a compreensão e a dedicação. Assim como Nossa Senhora das Dores, ele também buscou se identificar com Jesus crucificado, viver "seus sentimentos" (Fl 2,5), consumindo e realizando, nessa identificação, sua própria juventude.

Para reflexão pessoal

O "crucifixo" significa apaixonado pelo Pai e pela humanidade. Jesus morre na cruz não porque "cai em desgraça", da qual não pode libertar-se, mas porque ama o Pai e quer fazer o que ele deseja. O Pai deseja a salvação da humanidade, e Jesus está comprometido com isso até a morte.

Gabriel entendeu isso, e procurava reproduzir os "mesmos sentimentos de Cristo" (Fl 2,5): alinha sua vontade à vontade do Pai, aceita com fé e serenidade as renúncias e os sacrifícios da vida passionista, estuda com empenho, de forma a se tornar missionário e anunciar o amor de Deus. Ser discípulo-missionário é o cerne da vocação do batizado, seja qual for seu lugar na sociedade e na Igreja. Gabriel é um exemplo de como fazer isso.

Oração

Ó querido São Gabriel, nós te agradecemos pelo exemplo de vida que nos dás, animando-nos em nosso caminho de discípulos-missionários. Nas provações dos eventos familiares e nas indecisões da tua juventude, não perdeste o rumo, pois soubeste distinguir o chamado de Deus entre as inúmeras propostas que te atraíam.

Faze que também nós consigamos superar as incertezas, responder aos convites da graça e encontrar o sentido da vida. Obtém-nos a graça de responder à nossa vocação cristã com a tua mesma generosidade. Protege-nos para que não fiquemos perdidos no meio do caminho e para não desanimarmos diante dos fracassos. Dá-nos a graça e a alegria de repetir, no final de nossa vida, aquilo que Jesus disse: tudo "está consumado" (Jo 19,30). Por Cristo, nosso Senhor. Amém.

Oração para todos os dias

Amável jovem São Gabriel, chamado pelo povo de "o santo da alegria e dos milagres", pelo teu ardente amor a Jesus crucificado e pela tua terna devoção a Nossa Senhora das Dores, tu te tornaste na terra um exemplo de todas as virtudes. A ti recorro cheio de confiança: ajuda-me a viver os compromissos do meu Batismo na alegria e na generosidade. Afasta os jovens dos "deuses enganosos" e das "amizades mentirosas". Guia minha família no caminho da justiça, da solidariedade e da paz e protege os teus devotos de todo mal.

Enfim, peço-te que intercedas a Deus por esta graça especial (*fazer o pedido*), e que, ao recebê-la, eu possa dar glória a Deus, caminhar na santidade e enfrentar com alegria, fé e serenidade os acontecimentos da vida presente, para ser feliz contigo, um dia, na pátria celeste. Amém.

Canto

(à escolha)

4º DIA

Minhas alegrias são as dores de Nossa Senhora

Devoção de São Gabriel a Nossa Senhora das Dores

Texto bíblico

"Junto à cruz de Jesus, estavam de pé sua mãe e a irmã de sua mãe, Maria de Cléofas, e Maria Madalena. Jesus, ao ver sua mãe e, ao lado dela, o discípulo que ele amava, disse à mãe: 'Mulher, eis o teu filho!' Depois disse ao discípulo: 'Eis a tua mãe!' A partir daquela hora, o discípulo a acolheu na sua casa" (Jo 19,25-27).

Escritos de São Gabriel

"Ó pai, os meus irmãos estão estudando? São obedientes? São devotos de Maria Santíssima das

Dores, lembram-se das suas dores? Praticam alguma devoção cotidiana a ela, especialmente a reza do Rosário? O pensamento de ter uma devoção cotidiana a esta Mãe faz com que se encontre conforto em cada miséria, tentação, tribulação. Maria é a única escada para subir para a felicidade eterna. Eu gostaria que vocês guardassem com carinho e venerassem com devoção aquela imagem da 'Piedade' que eu deixei em casa; essa é a lembrança que deixo para vocês, muito agradável a mim e ainda mais a Maria Santíssima... Se Maria está comigo, quem será contra mim?" (Carta ao pai, 23/05/1857).

Vida de São Gabriel

São Gabriel, desde criança, rezando diante da pequena imagem de Nossa Senhora da Piedade, herança de sua mãe, aprendeu que Maria foi fiel a Jesus até a cruz. Entrando no convento passionista, ele intensificou essa devoção a Nossa Senhora das Dores. "É impossível, para mim, descrever quão terno, afetuoso, sincero era seu afeto por ela e quão intimamente seu coração estava possuído por ela. Quando ele estava com alguma dificuldade, costumava dizer com muita confiança: 'Minha

Mãe, cuida tu disso'. E, diante das tentações, repetia para si mesmo: 'Tu não queres dominar-te por amor de Maria?'. Seus discursos ordinariamente tinham como tema a bondade, a ternura, as dores ou as glórias de Maria Santíssima, e ele falava disso com tanto entusiasmo, que nunca se cansava" (Padre Norberto).

"Meu Paraíso são as dores de minha Mãe; são as dores de Nossa Senhora", ele repetia frequentemente. Aos coirmãos dizia: "Se tivermos Maria conosco, teremos tudo; se nos faltar ela, nos faltará tudo"; e os exortava a fazer *fioretti* – pequenos exercícios de virtudes – a ela.

Para reflexão pessoal

Nossa Senhora das Dores é a mulher que ama, que compartilha e que permanece em seu lugar, mesmo quando os acontecimentos são incompreensíveis ou dolorosos. Ela permanece "junto à cruz de Jesus"; o amor é mais forte que a dor; por isso o título de "dolorosa" é o que melhor define a missão e a experiência espiritual de Nossa Senhora, desde a Anunciação até a Assunção.

São Gabriel cresce ao lado de "Nossa Senhora da Piedade", imagem que marca a experiência espiritual da família Possenti. Ele fica apaixonado por aquela Mãe fiel e forte, com o filho morto em seus braços. Os seus pais lhe explicam o significado da cena, e o Espírito Santo o guia à compreensão profunda do mistério.

Na vida passionista, Gabriel compreendeu que o "Crucificado" e a "Dolorosa" são a dimensão do amor pessoal como resposta total ao amor do Pai e como um dom da própria vida para a humanidade. Ele aprende que, para amar os crucificados de hoje, é preciso estar ao lado do Crucificado, como a "Dolorosa".

Oração

D.: Para defender a vida de Jesus, ameaçada por Herodes, Maria e José são obrigados a fugir para o Egito com o menino.

R.: Intercedei por nós, ó Maria, para que nos comprometamos, com fidelidade e coragem, em favor da dignidade da pessoa e da defesa da vida, desde sua origem até sua morte natural.

D.: Contemplando o sofrimento de Maria quando perde Jesus no Templo, unimo-nos a ela para estar em comunhão com tantas famílias que sofrem a perda de seus filhos.

R.: Concedei-nos, Maria, a graça de ir ao encontro dos que estão em busca do sentido da vida.

D.: Maria não abandona Jesus na cruz, mantém-se firme a seu lado; e, hoje, continua ao lado dos "crucificados" deste mundo.

R.: Convosco, Maria, queremos estar junto dos nossos irmãos e irmãs sofredores. Ajudai-nos a ser uma presença de esperança que conforta e anima.

D.: Maria medita e conserva tudo em seu coração e, ao ver seu Filho sepultado, no silêncio, aguarda a resposta de Deus.

R.: Ensinai-nos, ó Mãe, a conservar a serenidade e a esperança, quando nada parece ter sentido.

Ave, Maria...

Oração para todos os dias

Amável jovem São Gabriel, chamado pelo povo de "o santo da alegria e dos milagres", pelo teu ardente amor a Jesus crucificado e pela tua terna devoção a Nossa Senhora das Dores, tu te tornaste na terra um exemplo de todas as virtudes. A ti recorro cheio de confiança: ajuda-me a viver os compromissos do meu Batismo na alegria e na generosidade. Afasta os jovens dos "deuses enganosos" e das "amizades mentirosas". Guia minha família no caminho da justiça, da solidariedade e da paz e protege os teus devotos de todo mal.

Enfim, peço-te que intercedas a Deus por esta graça especial (*fazer o pedido*), e que, ao recebê-la, eu possa dar glória a Deus, caminhar na santidade e enfrentar com alegria, fé e serenidade os acontecimentos da vida presente, para ser feliz contigo, um dia, na pátria celeste. Amém.

Canto

(à escolha)

5º DIA

Papai, seja generoso com os pobres

O carinho de São Gabriel pelos pobres

Texto bíblico

"Eu estava com fome, e me destes de comer; estava com sede, e me destes de beber; eu era forasteiro, e me recebestes em casa; estava nu e me vestistes; doente, e cuidastes de mim; na prisão, e viestes até mim. [...] Todas as vezes que fizestes isso a um destes mínimos que são meus irmãos, foi a mim que o fizestes!" (Mt 25,35-40).

Escritos de São Gabriel

"Meu papai, seja generoso com os pobres... A esmola nunca empobreceu ninguém; pelo contrário, a bênção dos pobres fará descer sobre vós e sobre toda a família a bênção do céu. Uma de nossas maiores consolações no ponto de morte será não ter nunca despedido um pobre sem ajuda. Este pensamento irá ajudá-lo e defendê-lo diante do severo julgamento de Deus; isso vos trará grande mérito no céu... Façais-vos tesouros para o céu através dos pobres... Não tenhais medo, meu papai, não tenhais medo de que irá faltar algo: a herança dos filhos será as bênçãos dos pobres e, o que é melhor, as bênçãos de Jesus e Maria" (Carta ao pai, 19/12/1858).

Vida de São Gabriel

Desde criancinha, São Gabriel foi admirado por todos pelo seu coração sensível e pela sua generosidade para com os pobres e sofredores. A irmã Teresa recorda: "Ele acolhia os pobres com grande caridade, dando-lhes o pão, mesmo com o risco de faltar para ele". E seu irmão Enrico, sacerdote, conta: "Na família ele queria que tudo fosse aberto para os pobres, para eles eram as suas pequenas economias pessoais; privava-se até do café da manhã para dá-lo a eles".

Quando Passionista, a sua caridade não se limitava aos que viviam no convento, e sim se estendia até mesmo aos vizinhos do convento. Bastava-lhe ver um pobre que se enchia de compaixão por ele e recorria a seus superiores para ajudá-lo. "Que alegria", dizia, "que entre nós, Passionistas, mesmo vivendo de esmolas e sendo constituídos em rígida pobreza, se pode dar muita esmola!". Ao religioso que ficava na portaria e era encarregado de dar esmolas, recomendava: "Quando ceder alguma coisa a alguém, principalmente se for pobrezinho, dê-lhe com coração grande, porque Deus gosta mais de uma pequena coisa dada com bom coração do que de uma coisa grande dada sem esse bom coração".

No convento, certo dia, ele ficou observando um irmão religioso preparando comida para um pobre, que esperava na portaria. "Quero ver sua generosidade", diz-lhe Gabriel brincando; e, parecendo-lhe pouco a quantidade que o religioso tinha preparado, acrescentou: "Coitado, isso não lhe chega nem no estômago".

Para reflexão pessoal

Filho de um governador, Gabriel tinha tudo o que um jovem da época pode desejar. Mas, de repente, ele escolheu a pobreza, e viveu pobre; sua única riqueza era Deus, nele encontrava tudo.

Seguindo o exemplo de seu fundador, Paulo da Cruz, descobriu o rosto de Jesus, sobretudo nos pobres e nos sofredores.

Frequentemente, seu café da manhã ia parar nas mãos dos pobres que batiam na sua porta. Nas ruas de Spoleto, quando encontrava algum mendigo, seu coração enchia-se de compaixão, e, assim, ele doava tudo que tinha no bolso. Entretanto, voltava para casa com o coração cheio de alegria.

Ao se tornar Passionista, seu amor pelos pobres se intensificou; é generoso, sobretudo com os pastorinhos que viviam ao redor do convento. "Eles", dizia Gabriel, "são dignos dos melhores bocados" e devem ser ajudados "com coração grande".

Com extrema delicadeza, Gabriel também pensava nas almas abandonadas no purgatório, e rezava por elas, oferecendo a Deus, em sufrágio, os sacrifícios e as renúncias do dia a dia.

Oração

Ó querido São Gabriel, pela tua compaixão pelos pobres, ensina-nos a amar a Deus na pessoa dos pobres e necessitados; ensina-nos a não desviar o nosso olhar deles; obtém-nos um coração terno e compassivo para com os sofrimentos dos pobres, especialmente dos mais indefesos e abandonados. Dá-nos a graça de renunciar ao acúmulo de bens e de saber repartir o que temos com os mais necessitados. Concede-nos que Deus faça que os nossos governantes trabalhem para uma distribuição mais justa dos bens do nosso Brasil. Amém.

Oração para todos os dias

Amável jovem São Gabriel, chamado pelo povo de "o santo da alegria e dos milagres", pelo teu ardente amor a Jesus crucificado e pela tua terna devoção a Nossa Senhora das Dores, tu te tornaste na terra um exemplo de todas as virtudes. A ti recorro cheio de confiança: ajuda-me a viver os compromissos do meu Batismo na alegria e na generosidade. Afasta os jovens dos "deuses enganosos" e das "amizades mentirosas". Guia minha família no caminho da justiça, da solidariedade e da paz e protege os teus devotos de todo mal.

Enfim, peço-te que intercedas a Deus por esta graça especial (*fazer o pedido*), e que, ao recebê-la, eu possa dar glória a Deus, caminhar na santidade e enfrentar com alegria, fé e serenidade os acontecimentos da vida presente, para ser feliz contigo, um dia, na pátria celeste. Amém.

Canto

   (à escolha)

6º DIA

A vida é uma coroa de rosas e espinhos

O sofrimento na vida de São Gabriel

Texto bíblico

"Eu penso que os sofrimentos do tempo presente não têm proporção com a glória que há de ser revelada em nós. [...] Sabemos que tudo coopera para o bem daqueles que amam a Deus" (Rm 8,18-28).

Escritos de São Gabriel

"Vós deveis, meu papai, alegrar-vos, em vez de afligir-vos, se o Senhor vos visitar com alguma tribulação e incômodo... Eu sei, querido papai, que vossa vida é como se fosse uma coroa, cercada não tanto de rosas e satisfações, mas de tribulações e espinhos; bem, seja feita a santa vontade de Jesus e Maria; um dia, o senhor colherá os frutos" (Carta ao pai, 01/02/1859).

Vida de São Gabriel

São Gabriel, desde criança, teve seus dias marcados pelo luto: sua mãe morreu quando ainda tinha 4 anos de idade; em seguida, sentiu a perda de dois irmãos; e, aos 17 anos, a morte da irmã mais velha. Do convento, ele escreveu ao irmão Miguel: "Os verdadeiros amantes de Maria consolam-se e se despedem em paz dos entes queridos, sabendo que um dia ficarão felizes em sua presença para sempre" (Carta, 30/12/1861).

Para reflexão pessoal

No período da morte dos irmãos e da irmã, Gabriel estava numa época delicada da vida, a adolescência: fase de rebelião contra todos e contra tudo, incluindo Deus. Essas mortes, prematuras e inesperadas, poderiam tê-lo levado a questionar a fé e a renegar a Deus. Nada disso. A dor e o sofrimento levaram Gabriel a se distanciar da vida mundana e a pensar mais nos valores não perecíveis da vida.

Ele aprendeu com o pai que nunca conseguiria sondar e compreender o mistério do mal. Como cristão, ele sabe que Deus não quer o mal. Ele aprendeu que o mal existe porque o amor de Deus é ignorado, recusado e combatido.

"É difícil para nós compreender o mal, enquanto não lhe damos dimensões divinas" (Cardeal R Sarah). É isso que nos diz a cruz: "o mal pode ter proporções divinas, ele é, afinal, o mal de Deus. No mal, é Deus que sofre e é, por isso, que o mal é tão terrível. Mas se é Deus quem sofre no mal, é porque existe no meio do mal esse Amor que nunca deixará de nos acompanhar, de proteger o nosso destino e de sofrer conosco. É preciso repetir: Deus será atingido pelo mal, por todo o mal, antes de nós, em nós e por nós, tal como no Gólgota" (M. Zundel).

Oração

Senhor Jesus, que, diante do sofrimento, eu saiba dirigir o meu olhar para tua cruz; que eu não perca a confiança plena no Pai, para repetir contigo: "Meu Pai, se possível, afaste de mim este cálice. [...] Contudo, se este cálice não pode ser afastado sem que eu o beba, seja feita a tua vontade!" (Mt 26,39-42). Amém.

Oração para todos os dias

Amável jovem São Gabriel, chamado pelo povo de "o santo da alegria e dos milagres", pelo teu ardente amor a Jesus crucificado e pela tua terna devoção a Nossa Senhora das Dores, tu te tornaste na terra um exemplo de todas as virtudes. A ti recorro cheio de confiança: ajuda-me a viver os compromissos do meu Batismo na alegria e na generosidade. Afasta os jovens dos "deuses enganosos" e das "amizades mentirosas". Guia minha família no caminho da justiça, da solidariedade e da paz e protege os teus devotos de todo tipo de mal.

Enfim, peço-te que intercedas a Deus por esta graça especial (*fazer o pedido*), e que, ao recebê-la, eu possa dar glória a Deus, caminhar na santidade e enfrentar com alegria, fé e serenidade os acontecimentos da vida presente, para ser feliz contigo, um dia, na pátria celeste. Amém.

Canto

(à escolha)

7º DIA

Família abençoada

São Gabriel agradece a Deus pela sua família

Texto bíblico

"Quando o viram, seus pais ficaram admirados, e sua mãe lhe disse: 'Filho, por que agiste assim conosco? Olha, teu pai e eu andávamos, angustiados, à tua procura!' Ele respondeu: 'Por que me procuráveis? Não sabeis que eu devo estar naquilo que é de meu Pai?' Eles, porém, não entenderam o que ele lhes havia dito. Jesus desceu, então, com seus pais para Nazaré e era-lhes submisso. Sua mãe guardava todos esses acontecimentos em seu coração. E Jesus ia crescendo em sabedoria, idade e graça diante de Deus e dos homens" (Lc 2,48-52).

Escritos de São Gabriel

"Exerceis, ó meu papai, sobre a família a autoridade que Deus vos deu; que nunca aconteça que, para não contrariar os filhos, os deixeis viver nos seus caprichos; é melhor que agora eles sintam algum rigor paterno do que depois tenham que vos amaldiçoar para sempre... Não se pode ser de Deus e do mundo, não se pode servir a dois senhores (Mt 6,24); a cruz de Jesus e os prazeres do mundo não podem combinar" (Carta ao pai, 26/01/1860).

Vida de São Gabriel

A família de São Gabriel era uma verdadeira "Igreja doméstica", lugar de carinho e de oração. O pai, homem honesto e de fé, educou os filhos mais com o testemunho do que com palavras: de manhã, fazia uma hora de meditação pessoal em casa, depois, ia à missa na igreja, levando uma das crianças; tomava o café da manhã e logo em seguida dedicava o dia ao gabinete do Governo. À noite, toda a família se reunia em casa para a reza do terço; em seguida, uma partilha sobre os acontecimentos familiares do dia, com as devidas recomendações.

Uma característica espiritual da família era a devoção terna e constante a Nossa Senhora da Piedade; diante de sua imagem, Gabriel mantinha sempre uma lamparina acesa; diante dela, muitas vezes durante o dia, ajoelhava-se em oração para confiar a ela suas ansiedades e problemas. Gabriel atribuiu sua "conversão" a Nossa Senhora: "Aqueles prazeres miseráveis e fugazes que o mundo concede são envenenados por veneno infernal. Alguns companheiros, com boas capacidades de nos enganar, nos levam direto para o inferno. Em que abismos eu teria caído, se Maria não tivesse vindo me socorrer!".

Para reflexão pessoal

A família, sendo a "célula basilar da sociedade", é a instituição mais importante para a nossa vida pessoal e social. Cada um de nós, consciente ou inconscientemente, carrega dentro de si características de sua família, com seus valores e suas carências.

A família é o "lugar onde a vida, dom de Deus, pode ser convenientemente acolhida e protegida contra os múltiplos ataques a que está exposta, e pode desenvolver-se segundo as exigências de um crescimento humano autêntico. Contra a denominada cultura da morte, a família constitui a sede da cultura da vida. Na família, cultivam-se os primeiros hábitos de amor e cuidado da vida... A família é o lugar da formação integral, onde se desenvolvem os distintos aspectos, intimamente relacionados entre si, do amadurecimento pessoal. Na família, aprende-se a pedir licença sem servilismo, a dizer 'obrigado' como expressão duma sentida avaliação das coisas que recebemos, a dominar a agressividade ou a ganância e a pedir desculpa quando fazemos algo de mal. Estes pequenos gestos de sincera cortesia ajudam a construir uma cultura da vida compartilhada e do respeito pelo que nos rodeia" (Papa Francisco, *Laudato Si'*, 213).

Oração

Sagrada Família, Jesus, Maria e José, em vós contemplamos o esplendor do verdadeiro amor e, confiantes, a vós nos consagramos.

Sagrada Família de Nazaré, tornai também as nossas famílias lugares de comunhão e cenáculos de oração, autênticas escolas do Evangelho e pequenas igrejas domésticas.

Sagrada Família de Nazaré, que nunca mais haja nas famílias episódios de violência, de fechamento e divisão; e quem tiver sido ferido ou escandalizado seja rapidamente consolado e curado.

Sagrada Família de Nazaré, fazei que todos nos tornemos conscientes do caráter sagrado e inviolável da família, da sua beleza no projeto de Deus.

Jesus, Maria e José, ouvi-nos e acolhei a nossa súplica. Amém (Papa Francisco, *Amoris Lœtitia*).

Oração para todos os dias

Amável jovem São Gabriel, chamado pelo povo de "o santo da alegria e dos milagres", pelo teu ardente amor a Jesus crucificado e pela tua terna devoção a Nossa Senhora das Dores, tu te tornaste na terra um exemplo de todas as virtudes. A ti recorro cheio de confiança: ajuda-me a viver os compromissos do meu Batismo na alegria e na generosidade. Afasta os jovens dos "deuses enganosos" e das "amizades mentirosas". Guia minha família no caminho da justiça, da solidariedade e da paz e protege os teus devotos de todo mal.

Enfim, peço-te que intercedas a Deus por esta graça especial (*fazer o pedido*), e que, ao recebê-la, eu possa dar glória a Deus, caminhar na santidade e enfrentar com alegria, fé e serenidade os acontecimentos da vida presente, para ser feliz contigo, um dia, na pátria celeste. Amém.

Canto

(à escolha)

8º DIA

Minha vida é uma contínua alegria

A alegria cristã é a nota característica de São Gabriel

Texto bíblico

"Eu vos disse isso, para que a minha alegria esteja em vós, e a vossa alegria seja completa" (Jo 15,11). "Alegrai-vos sempre no Senhor! Repito, alegrai-vos!" (Fl 4,4).

Escritos de São Gabriel

"O contentamento e a alegria que sinto vivendo dentro das quatro paredes do convento é quase indescritível, em comparação com os passatempos mundanos e vãos que se desfrutam no mundo... Minha vida é uma alegria contínua...

Os dias, na verdade os meses, passam muito rapidamente; minha vida é uma vida doce, uma vida de paz, uma vida de contentamento... Realmente minha vida é cheia de alegria... Estou contentíssimo."

Vida de São Gabriel

A alegria cristã foi a marca característica de São Gabriel, alcançada com a contínua meditação sobre a Paixão de Jesus Cristo e sobre as dores de Nossa Senhora. "Minhas alegrias são as dores de Nossa Senhora", costumava dizer.

Cada momento de sua vida era assinalado pela alegria: obedecia, trabalhava, estudava com alegria; quando rezava e quando recebia a Eucaristia, era "todo inflamado e cheio de alegria celestial".

Aproximar-se de Gabriel era como mergulhar em um mar de alegria e oxigenar a vida com uma felicidade perene. Ele estava sempre alegre, porque se mantinha em constante contato com Deus, que é a fonte da alegria.

Para reflexão pessoal

Gabriel é verdadeiramente "o santo do sorriso", como é invocado e amado por seus inúmeros devotos. Ele "foi um jovem do seu tempo, repleto fixos naquele lugar, com um rosto sorridente, com as mãos apoiadas sobre o 'santinho' do Crucifixo e de Nossa Senhora das Dores. O rosto de Gabriel estava lindamente transformado, como se uma luz arcana irradiasse dele".

Homilia

(*Se for oportuno ou um momento de meditação pessoal.*)

Magnificat

Exultação da alma no Senhor. Gabriel está na glória dos santos. Com Maria, que foi para ele Mãe e mestra, ele canta o louvor do Todo-Poderoso. Nós nos juntamos à sua voz louvando e agradecendo a Deus com o cântico da Bem-Aventurada Virgem Maria.
– A minh'alma engrandece o Senhor*
e se alegrou o meu espírito em Deus, meu Salvador;
– pois ele viu a pequenez de sua serva,*
desde agora as gerações hão de chamar-me de bendita.
– O Poderoso fez em mim maravilhas*
e santo é o seu nome!

– Seu amor, de geração em geração,*
chega a todos que o respeitam;
– demonstrou o poder de seu braço,*
dispersou os orgulhosos.
– Derrubou os poderosos de seus tronos*
e os humildes exaltou.
– De bens saciou os famintos,*
e despediu, sem nada, os ricos.
– Acolheu Israel, seu servidor,*
fiel ao seu amor,
– como havia prometido aos nossos pais,*
em favor de Abraão e de seus filhos para sempre.
– Glória ao Pai e ao Filho e ao Espírito Santo.*
Como era no princípio, agora e sempre. Amém.

Preces

Cel.: Confortados pela intercessão de São Gabriel de Nossa Senhora das Dores, elevemos nossa oração a Deus, doador de todo bem, e digamos: "Por intercessão de São Gabriel, ouvi-nos, Senhor".

1) Senhor, assiste sempre a tua Igreja, para que ela seja unida na caridade e santa, através da vida dos pastores e fiéis. Rezemos.

2) Senhor, concede às famílias a graça de serem testemunhas vivas de virtude e de vida evangélica no mundo. Rezemos.

3) Senhor, desperta no coração dos jovens, que chamas à vida sacerdotal, religiosa e missionária, a generosidade de responder como São Gabriel. Rezemos.

4) Senhor, consola os enfermos e todos os que sofrem, para que, sustentados pela tua graça, vivam a experiência da dor em união com Cristo crucificado. Rezemos.

5) Senhor, sustenta a Família Religiosa Passionista com numerosas e santas vocações, para poder anunciar aos homens o mistério da salvação: Cristo morto e ressuscitado. Rezemos.

Pai nosso...

Cel.: Ó Deus, vós que iluminais a Igreja com o exemplo dos santos, fazei com que o testemunho evangélico de São Gabriel de Nossa Senhora das Dores nos estimule a caminhar na via dos vossos preceitos para alcançarmos a plenitude. Por Cristo, nosso Senhor. Amém.

Bênção final

O Senhor esteja convosco.
Ele está no meio de nós.
Deus vos abençoe e vos guarde. **Amém.**
Ele vos mostre a sua face e se compadeça de vós. **Amém.**

Volva para vós o seu olhar e vos dê a sua paz.
Amém.
Abençoe-vos o Deus todo-poderoso, Pai e Filho
e Espírito Santo. **Amém.**

Hino de São Gabriel de Nossa Senhora das Dores

Ó Gabriel, "bailarino" de Deus,
ó Gabriel, cantador de Maria.
Voaste em asas de amor para os céus,
mas, aqui entre os teus, és sorriso e alegria!

De Deus a glória, cantamos, por Maria, contigo,
Gabriel,
que, seguindo Jesus, tanto amaste a cruz!
Tua vitória será nossa um dia: dá-nos, pela Paixão,
vida-ressurreição, ó São Gabriel! Ó São Gabriel!

Ó Gabriel, tua luz interior
se irradia e o mundo alcança.
Abandonar-se nas mãos do Senhor
é viver do amor, como simples criança!

De Deus a glória...

Teu coração de Maria é o jardim:
flores de graça, de amor e virtude!
Jovem, feliz, tu viveste o teu sim,
que modelo te fez de nossa juventude!

De Deus a glória...

Se a Mãe das Dores, Maria, é por nós,
que poderá contra nós o inimigo?
Ó Gabriel, ouve aqui nossa voz:
dá-nos junto de Deus um seguro abrigo!

Orações a São Gabriel de Nossa Senhora das Dores

Orações litúrgicas

Deus de infinita bondade, que, pelo vosso admirável desígnio de amor, chamastes São Gabriel de Nossa Senhora das Dores a viver o mistério da cruz unido a Maria, Mãe de Jesus, guiai-nos para junto do vosso Filho crucificado, para que, participando na sua Paixão e morte, alcancemos a glória da ressurreição. Pelo mesmo Cristo, na unidade do Espírito Santo. Amém.

Senhor, que ensinastes São Gabriel de Nossa Senhora das Dores a meditar assiduamente nas dores da vossa dulcíssima Mãe, e, por meio dela, o elevastes a um alto grau de santidade, concedei-nos que, com a sua intercessão e pelo seu exemplo, nos associemos de tal forma às dores da Virgem Maria, que possamos gozar sempre da sua maternal proteção. Vós que sois Deus com o Pai, na unidade do Espírito Santo. Amém.

Oração das crianças

Ó querido São Gabriel, viemos a ti para confiar-nos à tua proteção. Tu que és o santo do sorriso e o protetor celestial dos pequeninos, guia-nos no caminho da vida para que possamos crescer em idade, sabedoria e graça, diante de Deus e dos homens; seguindo teu exemplo, aprendamos a amar Jesus acima de todas as coisas. Acompanha-nos ao irmos ao encontro de Jesus, que disse: "Deixai as crianças virem a mim e não as impeçais, pois o Reino dos céus pertence aos que se assemelham a elas". São Gabriel, nós te amamos muito, porque sabemos que tu sempre serás nosso grande amigo. Amém.

Oração do jovem

São Gabriel, "santo do sorriso" e "da alegria", jovem que amaste a vida sem te comprometer com o mal, a ti confio todas as ansiedades e preocupações que caracterizam a minha jovem idade e que, muitas vezes, não me dão paz e serenidade. Não permitas que deuses enganosos – como a droga, o álcool, a internet – roubem minha alma, deixando-me de mãos vazias e de coração triste.

Não permitas que minhas fragilidades me desanimem, que meus pecados sejam um obstáculo para voltar a Deus, Pai misericordioso.

Concede-me a sabedoria de saber escolher com cuidado as amizades verdadeiras, de ser sincero com os amigos e de manter sempre o meu coração puro e honesto. Ajuda-me a ser uma testemunha da fé e da verdadeira alegria no meio da juventude.

Guia e protege os jovens no caminho da verdade e da honestidade.

Protege minha família das ideologias destruidoras e dá-lhe sabedoria para ser uma verdadeira "Igreja doméstica".

Peço-te, enfim, que interceda a Deus por esta graça especial (*fazer o pedido*). Que, ao recebê-la, eu possa dar glória a Deus, caminhar na santidade e enfrentar, com alegria, fé e coragem, os acontecimentos da vida presente, para ser feliz contigo, um dia, na pátria celeste. Amém.

Oração do estudante

Ó querido jovem São Gabriel, à tua proteção confio minha frágil juventude e meus estudos. Em toda a tua breve vida, foste um estudante e, nessa jornada, alcançaste a santidade.

No estudo, descobriste sempre novos motivos para amar a vida. Ajuda-me a entender que o estudo é indispensável para a construção da minha personalidade e para o meu futuro.

Ajuda-me a descobrir no estudo a sabedoria de Deus e a grandeza do ser humano. Que eu aprenda a contemplar a criação e a admirar, com discernimento, as conquistas da ciência; que elas não me afastem da fé, mas me levem a contemplar a beleza de Deus que se revela na criação. Assim, conseguirei entender minha vocação e me colocar no lugar certo, a serviço da humanidade.

Faze que meus esforços sejam coroados de sucesso nas provas e na entrada no mundo do trabalho e da profissão. E que o estudo seja, desde já, uma forma de amar as pessoas que confiam em mim, como também aquelas que Deus me permitirá encontrar no futuro.

Por fim, auxilia-me para que, estudando, eu me prepare não apenas para ter um digno salário para mim e para minha família, mas, acima de tudo, para fazer de minha vida um dom aos outros na comunidade cristã e na sociedade. Amém.

Oração dos noivos

Ó querido São Gabriel, sentimos a necessidade de confiar a ti a alegria e a festa do nosso amor, porque tu nos compreendes e podes obter de Deus as graças de que necessitamos neste importante período de nosso mútuo crescimento.

O nosso amor é um grande presente, confiado à nossa responsabilidade. Ajuda-nos a vivê-lo segundo o projeto de Deus, pois, só cumprindo a sua vontade, podemos alcançar nossa realização.

Precisamos nos entender e nos aceitar, respeitar os dons que Deus deu a cada um e prepararmo-nos com liberdade para ser dom recíproco.

Sentimos que este é um caminho difícil, minado pelo egoísmo e pela fragilidade. Ajuda-nos a não permanecermos ofuscados pelos aspectos superficiais do nosso relacionamento, mas a construí-lo lealmente até nossa maturidade humana.

Auxilia-nos para que a comunhão vivida entre nós nos incite a nos comprometer com os outros e pelos outros na família, na paróquia, no trabalho e entre os mais necessitados da sociedade.

Ajuda-nos a entender o dom e a missão do Matrimônio cristão, que não consistem apenas em nos amar com verdade, mas em ser sinal do amor de Cristo pela Igreja.

Que o nosso noivado nos prepare para testemunhar as riquezas do sacramento que receberemos com o nosso "sim" no altar. Amém.

Oração para o discernimento vocacional

Ó querido São Gabriel, recorro à tua intercessão para obter a graça de viver com coerência a vocação do meu Batismo. Ajuda-me a perceber, entre as tantas vozes, o chamado de Deus e a segui-lo por toda a vida com generosidade.

Eu louvo a Deus pela generosidade com que tu respondeste à tua vocação de ser Passionista, apesar das dificuldades de tua juventude em busca da felicidade. Faze com que eu também acolha os sinais da graça, para compreender o que fazer da minha vida.

Se meu chamado é para a vida conjugal e familiar no sacramento do Matrimônio, ajuda-me a entender a responsabilidade e o compromisso e, também, a me preparar para assumir meu lugar na sociedade como testemunha do amor de Deus criador e redentor.

Se meu chamado for para o serviço à comunidade no ministério sacerdotal, concede-me a generosidade necessária para superar as incertezas e dedicar-me integralmente à santificação do povo de Deus.

Se for da vontade de Deus que eu me consagre na vida religiosa, obtém-me a luz para entender essa vontade com clareza e coragem para responder a ela com generosidade e alegria.

E, se Deus me chama a ser teu irmão na vida missionária passionista, que teu exemplo e tua intercessão me auxiliem a ser um verdadeiro apaixonado do Crucificado e de Nossa Senhora das Dores, para anunciar a "Paixão de Jesus como a obra mais estupenda do amor de Deus para conosco". Amém.

Oração de comprometimento vocacional

Ó querido São Gabriel, neste período particular da minha vida, estou verdadeiramente precisando de ajuda. Obtém-me do Senhor a luz para entender o projeto que ele tem para mim e a força para realizá-lo fielmente.

Sinto necessidade de ser livre. Faze que, no uso da minha liberdade, eu saiba respeitar também a liberdade dos outros. Ensina-me a usar minha liberdade para fazer escolhas certas, ou seja, para o dom de mim mesmo e não para explorar os outros.

Sinto necessidade de amar e ser amado. Ajuda-me a perceber o meu chamado e a responder a Deus com generosidade. Torna-me sensível ao sofrimento e aos problemas dos outros, especialmente dos meus pais e das pessoas mais próximas de mim.

Faze com que eu seja capaz de assumir minhas responsabilidades na família, na paróquia e na sociedade e, também, de cumpri-las com coerência, dando bom testemunho de Cristo.

Tu que amaste a vida e descobriste sua plenitude no amor ao Crucificado e a Nossa Senhora das Dores, ajuda-me a entender que cada valor da experiência humana tem sua coroa de glória em Deus. Amém.

O santo do sorriso!

Gabriel da Virgem das Dores,
Um gentil e simpático rapaz.
"Era belo por dentro e por fora",
Alegre, exultante e vivaz.

Gabriel é o santo dos jovens,
Grande em santidade e amor.
Simpático, criativo e admirável.
Sua vida foi um eterno louvor.

Órfão de mãe desde pequeno,
Encontrou em Maria um refúgio acolhedor.
Apaixonado pela vida, um altruísta,
Esse é um grande santo Passionista.

Mesmo diante do sofrimento,
Não se deixava abater.
Se mantinha sereno a todo momento,
Sua fé, acalentava o seu viver.

Jovem de extraordinária bondade,
Santo da perseverança e da serenidade.
Para todos, exemplo a ser seguido,
Apesar da sua tenra idade.

"Querida Mãe, se apresse"!
Dizia ele, no seu leito de dor.
Confiando nos méritos da Paixão de Jesus,
Que se doou por nós, por amor.

Gabriel, do paraíso intercede por nós.
Juntamente com a Virgem Maria.
Para que nossa vida, assim como a dele,
Seja plena, uma santa melodia.

Candeia Lima

Rua Dona Inácia Uchoa, 62
04110-020 – São Paulo – SP (Brasil)
Tel.: (11) 2125-3500
http://www.paulinas.com.br – editora@paulinas.com.br
Telemarketing e SAC: 0800-7010081